Andreas Anhalt

Etzelsbach

Wallfahrtsort des Papstes

Herausgegeben vom Bistum Erfurt

Mecke Druck und Verlag, Duderstadt 2011

Bibliografische Information Der Deutschen Bibliothek
Die Deutsche Bibliothek verzeichnet diese Publikation in der Deutschen Nationalbibliografie; detaillierte bibliografische Daten sind im Internet über http://dnb.ddb.de abrufbar

Layout: Jeannine Gille, 37339 Ferna

Herstellung: Mecke Druck und Verlag · 37107 Duderstadt · Postfach 1420

Kontakt: Kath. Pfarramt St. Mauritius, Dorfstr. 32, 37308 Steinbach, Tel.: 036085/ 40305; www.pfarramt-steinbach.de

Vordere Umschlagseite: Westseite der Kapelle.

Rückwärtige Umschlagseite: Chorfenster mit hl. Wendelin, Mariä Himmelfahrt, hl. Hubertus.

ISBN 978-3-86944-037-8

Zu beziehen über alle Buchhandlungen oder direkt beim
Verlag Mecke Druck · Postfach 1420 · 37107 Duderstadt
Tel. (05527) 981922 · Fax (05527) 981939 · E-Mail: verlag@meckedruck.de
Internet: www.meckedruck.de/buchprogramm

Vorwort

„Wo Gott ist, da ist Zukunft." Unter diesem Leitwort steht der Staatsbesuch des Papstes Benedikt XVI. vom 22. bis 25. September 2011 in Deutschland. Dabei kommt Benedikt XVI. auch nach Etzelsbach, das ist für den Wallfahrtsort Etzelsbach, für das Eichsfeld und das Bistum Erfurt eine überaus große Freude und Ehre. Der Papst wollte, neben den anderen Orten seines Besuches, wie Berlin, Erfurt und Freiburg, einen Marienwallfahrtsort im Eichsfeld aufsuchen. So kam die nähere Wahl auf Etzelsbach – gerade auch deshalb, weil schon seit Jahrhunderten Menschen zu diesem Wallfahrtsort pilgern und ihr Leben vor Gott betrachten. So passt das Motto der Papstreise auch gut zu Etzelsbach. Der Papst reiht sich in die große Schar der Wallfahrer ein.

Falsch wäre es zu sagen: Damit tritt der Wallfahrtsort Etzelsbach aus dem Schatten seines Daseins heraus. Etzelsbach hat nie im Schatten gelegen. Der Ort selbst und seine Wallfahrten zählen zu den beliebtesten der Region. Am Sonntag, in der Woche, zu jeder Tageszeit öffnen Menschen die Tür zur Kapelle und treten mit ihrem Leben vor das Gnadenbild. Was macht diesen Ort so anziehend? Es sind mehrere Komponenten: die Ruhe und Abgeschiedenheit des Ortes, das Gnadenbild und die feste Verwurzelung in der Eichsfelder Bevölkerung sowie die Gewissheit, eine offene Tür vorzufinden. Über Generationen hinweg haben Wallfahrer und Besucher Hilfe und Trost beim Gnadenbild gesucht und gefunden. Dies hat sich tief eingeprägt in die Herzen der Menschen. Viele Tränen sind in der Kapelle schon geflossen, weil Menschen mit ihren Sorgen und Nöten gekommen sind. Im Blick auf Maria, die ihren toten Sohn in den Armen hält, haben sie Trost gefunden: Da ist auch eine, die weint, die trauert, die bekümmert ist. In dieser Verbindung haben sich die Menschen mit Maria verbinden können und so Hilfe an diesem Ort erfahren.

In der Vorbereitung einer Predigt für einen Wallfahrtsgottesdienst in Etzelsbach ist es mir passiert, dass das Wort „Gnadenort" nicht durch die Rechtschreibkontrolle meines Computers gekommen ist. Einer der gemachten Vorschläge war „Gnadenwort" – eine gute Brücke. Das macht für mich einen Wallfahrtsort aus, dass Menschen an einem Gnadenort ein Gnadenwort empfangen.

Andreas Anhalt, Sonneberg, im März 2011

Geschichtliches

Wenn man sich mit Etzelsbach beschäftigt, dann gilt es zunächst, eine fast fünfhundertjährige Geschichte zu beleuchten.

Die erste Erwähnung von Etzelsbach findet sich in einem Schadensverzeichnis des ehemaligen Zisterzienserinnenklosters Beuren. Am 1. Juni 1525 reichte die Äbtissin Margareta von Bodenhausen beim Rat von Mühlhausen eine Schadensliste für entstandene Schäden ein, die dem Kloster während des Bauernkrieges entstanden waren. Da Etzelsbach und die Kapelle dem Kloster gehörten, ist Etzelsbach auch dort mit aufgenommen worden. Die Schadensliste befindet sich im Hauptstaatsarchiv in Dresden. Dort heißt es: *„Ein Glocken zue Etzelspache von eine Zcentener machen an der somen zuesamen gerechent alßo veles, ie den Zcentener vor Seben gulden angeschlagen uffs geringst. Ite auch ist unßer liben frawen Kerchen zcu Etzelßpache und des Bruders huße doran abgebranth und die Clußе uffin langen stucken umbe gerißen ist nit sommerth."*

Das „Haus des Bruders" und die „Kirche unserer Lieben Frau" sind durch Feuer zerstört worden. Dem dürfte auch nahe liegen, dass das Inventar der Kirche ebenso vernichtet wurde, das Gnadenbild mit eingeschlossen. Die Glocke wird wegen ihres materiellen Wertes von den Aufständischen mitgenommen worden sein. Die hier erwähnte Klus könnte sich auf einen Bildstock beziehen. Die Ortsbezeichnung „auf den langen Stücken" ist nicht zu bestimmen. Vielleicht hat er als Zwischenstation auf dem Weg zwischen Beuren und Steinbach gestanden.

Die Äbtissin listete nicht nur diesen, sondern auch entstandene Schäden am Kloster selbst auf. Unter Führung der Bauernführer Thomas Müntzer und Heinrich Pfeiffer ist das Zisterzienserinnenkloster am 2. Mai 1525 von aufständischen Bauern zerstört worden. Es war Bauernkriegszeit, in der viele Klöster geplündert und zerstört worden sind.

Nach dem Aussterben des Klosters 1555, wahrscheinlich in Folge einer Pestepidemie, war der Klosterbesitz teilweise in die Verwaltung des Amtes Scharfenstein übergegangen. In einem Pfandbrief der Burg Scharfen-

Das Gnadenbild.

stein von 1556 wird Etzelsbach als Wüstung bezeichnet. So ergibt sich die Frage, wann das Dorf bzw. die Siedlung Etzelsbach eingegangen oder zerstört worden ist.

In der Geschichte von Etzelsbach fällt auf, dass nie über ein bestehendes Dorf oder eine Siedlung berichtet wird. Verschiedene Autoren geben Erklärungsversuche: Wintzingeroda-Knorr schließt Zerstörungen von Dörfern während des Bauernkrieges aus, räumt aber ein, dass Dörfer durch die Folgen des Bauernkrieges eingegangen sein könnten.

Klemens Löffler sieht es ebenso und schlussfolgert weiter: *„Wenn Etzelsbach noch als Dorf bestanden hätte, so wäre die Kirche und des Bruders Haus kaum zerstört worden."* Für das Verlassen des Dorfes vermutet er wirtschaftliche Gründe im 15. Jahrhundert. Nach dem Verlassen eines Dorfes blieben die Kirchen stehen, die dann zu besonderen Anlässen von den ehemaligen Bewohnern und Gläubigen aufgesucht wurden. Neben den vermuteten wirtschaftlichen Gründen könnte auch die Pest mit in die Erwägung des Wüstwerdens einbezogen werden.

Die 1801 errichtete Kapelle wurde 1897 abgerissen. Im Worbiser Kreisblatt von 1897 ist Folgendes zu lesen: *„Die alte Kapelle in Etzelsbach, alljährlich das Ziel Tausender Wallfahrer, wird durch eine neue ersetzt. Beim Ausgraben der Fundamentgruben fand man menschliche Schädel, Knochen und wohlerhaltene Gebisse in geordneten Gräbern. Es ist dies die Bestätigung dafür, dass in Etzelsbach früher ein Dorf stand ..."* Dieses Zitat darf als Bestätigung für eine frühere Siedlung gelten. Ein Blick in den Grundbuchauszug für die Liegenschaft Etzelsbach bestätigt dies. Dort ist die Liegenschaft in Kapelle, Acker, Wiese und Begräbnisplatz unterteilt. So kann gesagt werden, dass Etzelsbach bereits 1525 wüst war, und nur noch *„unßer liben frawen Kerchen zcu Etzelßpache und des Bruders huße"* dort gestanden haben, die im Bauernkrieg zerstört wurden.

Aber eine Frage bleibt bei allem: Hat es vor der Zerstörung der Kapelle in Etzelsbach bereits eine Wallfahrt gegeben? Nach dem Verlassen des Dorfes blieb die Kirche und des Bruders Haus dort stehen. *„Vielfach blieben auch Pfarrer und Küster wohnen, und es wurde noch regelmäßig Gottesdienst gehalten. Aber allmählich wurde den weggezogenen Bewohnern der* *regelmäßige Besuch ihrer alten Kirche zu lästig. Der Gottesdienst wurde auf einzelne Tage oder Feste eingeschränkt und die Kirche wurde zur Kapelle. Von Zeit zu Zeit gingen Prozessionen dahin, zunächst von der neuen Gemeinde, dann auch von den anderen Gemeinden, weil mit der Zeit das Verständnis für den Ursprung und die Bedeutung der Prozessionen schwand und der Glaube aufkam, der Besuch der Kapelle sei mit besonderen Gnaden verknüpft. So fanden sich an bestimmten Festtagen große Scharen von Gläubigen aus naher und weiter Entfernung zusammen."* So erklärt Löffler die Entstehung der Wallfahrt.

Bildstock: Mariä Verkündigung an der Straße zwischen Steinbach und Etzelsbach.

Für Etzelsbach findet nie ein Pfarrer bzw. eine Pfarrei Erwähnung.

Der Name für die heutige Flur „Etzelsbach" bezeichnet eine Orts- und Flurwüstung, die ca. einen Kilometer östlich von Steinbach entfernt liegt. Der Name dafür kommt vom gleichnamigen Bach, der östlich an der Kapelle vorbeifließt, und vom Norden her in die Leine mündet.

Ein Brief als wichtiges Zeugnis

Aus dem Jahre 1709 liegt eine Briefabschrift vor, die für die Bearbeitung der Geschichte von Etzelsbach nicht unbeachtet bleiben darf. Diese Briefabschrift fand der damalige Pfarrer von Nesselröden, Johannes Conradi (von 1689-1727 Pfarrer in Nesselröden), im Nachlass des Steinbacher Pfarrers Johann Peter Dreyling. Dreyling ist um 1663 in Martinfeld geboren, war von 1691-1697 Pfarrer in Ershausen und von 1697 bis zu seinem Tod 1709 Pfarrer in Steinbach. Im Kommissariatsarchiv von Heiligenstadt befindet sich das Testament von Pfarrer Dreyling, das am 18. Januar 1709 in Steinbach ausgestellt wurde. Fragt man nach dem Alter des Briefes, so kommen wohl nur die Jahre von Dreylings Amtszeit in Steinbach zwischen 1697 und 1709 in Betracht. Wegen der Verständlichkeit wird der Brief abschnittsweise und in Auszügen erläutert.

„Die drey Dörfer als nemlich bergehagen, folsbach und Etzelsbach seint wegen Rauberey so die mit gewissen Adelichen und mit einem Bergemeister aus Müllhausen 1525 Namens Johann Sallomünster beschuldigt, verstöhrt worden, und also in dem Orth Etzelsbach die Walfahrt lange Zeit still gelegen, das schier Niemand mehr daran gedacht, oder darvon gewist hat ...“

Der Ort Etzelsbach wurde bereits behandelt, so dass in diesem Zusammenhang nur festzustellen bleibt, dass die Kapelle und des Bruders Haus 1525 zerstört worden sind. Infolgedessen ist der Ort mit seiner Kapelle in Vergessenheit geraten. In Etzelsbach fanden Wallfahrten statt, die durch die Zerstörung zum Erliegen kamen, so sagt es der Brief. Aber die Zerstörung während des Bauernkrieges geriet nicht in Vergessenheit.

„... bis vor vielen langen Jahren das große Sterben gewesen, da auch das Junglfräuliche Kloster, und die hochadlige Abbtißin von Knorren mit dem ganzen Convent ausgestorben ...“

Das große Sterben bezieht sich auf die Pest im Jahre 1555, die u. a. im Eichsfeld wütete. Die Pest wird, neben Reformationswirren und Personalmangel, als Grund für das Aussterben des Klosters Beuren angeführt. Barbara von Knorr ist die hier gemeinte Äbtissin, die Anfang des Jahres (1555) vielleicht an der Pest gestorben sein könnte.

„... Pfarher Johan Simerott redete die Wingeröder in öffentlicher Kirchen also an, es were ein Orh bey Steinbach mit Nahmen Etzelsbach, alwo die seeligste Mutter Gottes Himmelfahrt Patronin wäre, wo vor Jahren eine Walfahrt wäre gehalten worden wegen Menschen- und Viehsterben ...“

Dieser Aussage nach hat Johannes Simerodt während seiner Zeit als Pfarrer von Wingerode und Beuren (1614-1650) den Wingerödern in der Kirche in Erinnerung gerufen, dass es bei Steinbach einen Ort gibt, Etzelsbach, wo die Mutter Gottes verehrt wird. Dass das Patronat Mariä Himmelfahrt einer Kirche oder Kapelle gilt, ist anzunehmen. In Etzelsbach ist wegen Menschen- und Viehsterben vor Jahren eine Wallfahrt gehalten worden. Hier kann nur das Sterben, die Pest, in der Mitte des 16. Jahrhunderts gemeint sein. Dies war in der Zeit, in der das Kloster Beuren 1555 nicht mehr von Zisterzienserinnen bewohnt wurde. Wenn der Pfarrer an die frühere Wallfahrt wegen des Menschen- und Viehsterbens erinnern muss, kann das heißen, dass er auf die frühere Intention der Wallfahrt hinweist, wobei damit nicht gesagt ist, dass Etzelsbach und seine Wallfahrt von den Menschen vergessen worden wäre.

„... wan sie nahr beliebung hätten, wollten sie selbe gleich wider anfangen, ob die heilige Mutter Gottes für sie bitten wolle, das die Sterbensnoht möchte aufhören, darauf sie einhelliger Stim angefangen: Ja, Ja; haben auch ihre Pferde zu fuß mit genommen. ein einziger hatt seine zu Hause gelassen, nit mitnemen wollen, als er aber wider nacher Haus kommen, hatt er seine Pferde dott ligend im Stall funden. Andere aber sint nach gehaltener Procession genesen.“

In diesem Abschnitt wird der Aufruf des Pfarrers noch einmal präzisiert und die Wirkung seiner Worte Ausdruck gegeben. Die Folge des Nichtbeachtens des Aufrufes wird deutlich durch das tote Pferd des Bauern, der die Prozession nach Etzelsbach nicht mitgemacht hatte. Eine Jahreszahl für eine Pferdeseuche in Wingerode lässt sich nicht erbringen. In Heiligenstadt waren 1623 Pferde an einer Seuche gestorben. Es ist zu vermuten, dass sich das Pferdesterben nicht nur auf Heiligenstadt beschränkte, sondern sich auch in der Umgebung verbreitete. Auch wurden Heiligenstadt und die umliegenden Orte 1626 von einer Pestepidemie heimgesucht.

„Gleich darauf hatts Bodenrode, Westhausen, Günterode, Rengerode und Steinbach auch gemacht, seint gleich genesen.
Nachgehend der hochwürdige Abt Philipp von Reifenstein wie auch der hochwürdige H Joachim Vielhmal dagewesen, mit dem Pater Lafert aus Heiligenstadt."

Die umliegenden Ortschaften folgten dem Beispiel von Wingerode. Auch dieser Satz unterstützt das Geschehen der Genesung der Pferde, zumal die Pferde der genannten Ortschaften ebenso gesund geworden sind.

Deutlich wird, dass auch Vertreter des Eichsfelder Klerus zu den Wallfahrern gezählt werden können. Philipp Busse wurde 1589 Abtsverweser im Zisterzienserkloster Reifenstein und von 1599 bis 1639 dessen Abt. Sein Nachfolger wurde Joachim Nohr, der bis 1671 Abt von Reifenstein war. Beide sind oft an den Wallfahrtstagen in Etzelsbach gewesen. Der drittgenannte ist der Jesuitenpater Johannes Lavard, der von 1645 bis 1652 im Heiligenstädter Jesuitenkolleg nachweisbar ist. 1651 hatte er im Kolleg die Stelle des Festtagspredigers inne.

„Vor wenigen Zeiten ist in Waltingerode hinder dem Hartz ein Sterben under die Pferde unt anderes vieh kommen, hatt die Mutter Domina zwey wechserne Pferde wie auch ein Altartuch dahero gesant und ihre Pferde seint genesen. id. tempore domini Zelmans parochi ..."

Während der Amtszeit des Pfarrers von Steinbach, Hermann Zellmann (1677-1684), erkrankten in dem Zisterzienserinnenkloster Wöltingerode (Waltingerode), dem Mutterkloster von Beuren, die Pferde und anderes Vieh. Um Fürbitte durch die Mutter Gottes in Etzelsbach gegen das Sterben zu erhalten, schickte die Äbtissin von Wöltingerode zwei wächserne Pferde und ein Altartuch zu dem Wallfahrtsort. Die Pferde wurden wieder gesund. Von dem anderen Vieh war nicht mehr die Rede. Dass von Wöltingerode Opfergaben geschickt wurden, hat mit der Verbindung zu dem Zisterzienserinnenkloster in Teistungenburg zu tun. Wöltingerode wurde 1630 von Teistungenburg aus neu besiedelt. Es ist anzunehmen, dass die Nonnen von Teistungenburg das Wissen um den Wallfahrtsort Etzelsbach nach Wöltingerode mitgenommen haben.

In früherer Zeit war es üblich, Opfergaben einem Heiligen zu geben. Dabei kann man zwei Arten unterscheiden:

Votivgaben werden gegeben, wenn eine ausgesprochene Bitte in Erfüllung gegangen ist. Sie ist Ausdruck des Dankes.

Weihegaben sind Opfer, die im Voraus gebracht werden, um die Bitte dadurch zu unterstützen. In diesem Fall sind es wächserne Pferde, die für das 17. Jahrhundert keine Seltenheit darstellten.

„... im Kloster Büren seint beym verstorbenen Propstes und Abbatissin die Pferde krank worden, haben sie selbige durch die Knechte mit Wachskärzen hingeschickt und seint gleich genesen. idq. tempore Rdi Dni Coleri ...“

Während der Zeit, als Georg Andreas Köhler Pfarrer in Steinbach (1684-1697) war, wurden die Pferde des Klosters Beuren krank, und die Nonnen folgten dem Beispiel ihrer Mitschwestern von Wöltingerode. Dies ist zu der Zeit des verstorbenen Propstes und der Äbtissin gewesen. Am 6. Juli 1687 starb der Propst des Klosters, Johannes Apel (Abell), der das Amt 16 Jahre innehatte. Äbtissin war in dieser Zeit Maria Franziska Wagner (1669-1698). Sind die Angaben korrekt, dann muss dies in der Zeit zwischen 1684 und 1687 gewesen sein.

„... im gleich seint andere Walfahrten mehr als hundert Pferde anhero kommen, sie können Caspar Mayer und andere Alte fragen.“

Es scheint sich unter den Bauern der Umgebung der besondere Ruf Etzelsbachs bei Pferdekrankheiten und die Fürbitte um Bewahrung vor Krankheiten verbreitet zu haben, sodass die Bauern mit ihren Pferden nach dort zogen. Der erwähnte Caspar Meyer ist im Sterbebuch der Pfarrei Steinbach für das Jahr 1710 verzeichnet. Und er dürfte gerade für die letzten Abschnitte des Briefes ein Bürge sein, da er die Zeit selbst miterlebt haben muss und der Brief 1709 in dem Nachlass des verstorbenen Pfarrers Johann Peter Dreyling (1697-1709 Pfarrer von Steinbach) gefunden wurde.

Auf dem Weg zur Wallfahrt, 2008.

Weitere Auskunft über das Wallfahrtsleben in Etzelsbach gibt die Notiz über einen *„altare portatile"* mit der Jahreszahl 1602. Als „altare portatile" muss man sich eine kleine Steinplatte vorstellen, in der Reliquien eingelassen wurden und die konsekriert ist, so wie der Altar einer Kirche. Dies war zugleich eine Voraussetzung zur Feier der heiligen Messe. Diese Steinplatte war transportabel. Heute ist der Tragaltar nicht mehr vorhanden.

Weitere Informationen über das Wallfahrtsgeschehen liefern zwei Kirchenrechnungen aus den Jahren 1657 und 1661. Dort wird von Einnahmen berichtet, die an den drei Wallfahrtstagen erfolgten. Sie sind zugleich ein Indiz dafür, dass nach dem Dreißigjährigen Krieg Wallfahrten stattgefunden haben. Die Rechnungen sind heute nicht mehr vorhanden, sodass auf den Wortlaut der „Geschichte von Etzelsbach" zurückgegriffen werden muss, die Pfarrer Oswald Kullmann als Chronik geschrieben hat: *„In der von 1657 werden das Geld und die Eier verrechnet, die man an den 3 Wallfahrten eingenommen hat: 1Thl 7gr 9 p auf Visitatis Mariae geopfert; 5 gr für Eier, die damals geopfert sind. 1Thl 3gr 1 p auf der anderen Wallfahrt in Etzelsbach an Geld und*

Eiern. 21 Gr 4 p auf der letzten Wallfahrt. Dieselbe Rechnung berichtet, dass Spielleute beim Gottesdienst mitgewirkt und für 6 Gr vertrunken haben." Die Rechnung von 1661 erwähnt dieselben Ausgaben. Dank der Rechnungen erhalten wir Informationen über die Wallfahrten und ihre Anzahl pro Jahr. Es sind „Visitatis Mariae", Mariä Heimsuchung, *„auf der anderen Wallfahrt"*, damit wird Mariä Himmelfahrt gemeint sein und *„auf der letzten Wallfahrt"* - sie entspricht der Wallfahrt zum Fest Mariä Geburt. Auch heute noch gibt es diese drei Wallfahrtstage. Die Kapelle feiert am Fest Mariä Himmelfahrt ihr Patrozinium.

Detail aus dem Chorfenster Mariä Himmelfahrt.

Legende des Wallfahrtsortes Etzelsbach

Seit alters her wird erzählt, dass dort, wo heute die Kapelle Etzelsbach steht, sich in früherer Zeit ein Dorf befand, von dem schon lange nichts mehr übrig ist. So wuchs über das ehemalige Dorf und die Erinnerung daran Gras. Eines Tages kam ein Bauer mit seinen Pferden dorthin, um zu pflügen. Plötzlich blieben seine Pferde stehen und fielen auf die Knie. Mit großer Mühe konnte der Bauer die Pferde zum Weitergehen bewegen. An der Stelle aber, wo sie niedergekniet hatten, wichen sie aus. Als sie erneut dort vorbei kamen, blieben die Pferde wieder stehen und fielen nieder. Dies wiederholte sich noch ein drittes Mal, was dem Bauern zu denken gab. Er holte Hacke, Schaufel und Spaten und begann zu graben. Seine Grabung brachte zu seinem Erstaunen eine Holzschnitzerei zu Tage. Erstaunt darüber brachte er die Holzschnitzerei nach Hause, säuberte und untersuchte sie. Er stellte fest, dass es ein Bild der Schmerzensmutter war. Nach einiger Zeit ließ der Bauer an dem Ort, wo er das Bild gefunden hatte, eine Kapelle errichten und stellte es darin auf. In der Gegend sprach sich das Ereignis herum, und Etzelsbach wurde zu einem Wallfahrtsort.

Seitdem kommen jedes Jahr die Bauern aus dem Eichsfeld mit ihren Pferden zu der Schmerzensmutter und halten eine Wallfahrt. Nach dem Wallfahrtshochamt werden die Pferde in Prozession um die Kapelle geführt, als Lob, Dank und Bitte.

Wandgemälde im Chorraum der Kapelle, Willy Jakob, 1929.

Wie das Gnadenbild gefunden wurde

In der Legende über Etzelsbach wird genannt, was diesen Ort gegenüber anderen auszeichnet: Ein Bauer hatte beim Pflügen ein Bild der Schmerzensmutter, eine Pieta, gefunden. Die Besonderheit des Bildes wird durch das dreimalige Scheuen der Pferde noch hervorgehoben. Auch erkannte der Bauer die Verehrungswürdigkeit des Bildes. Er ließ deshalb eine Kapelle errichten, in der das Bild aufgestellt wurde. Auf diese Weise wurde es den Menschen über lange Zeit zugänglich gemacht. Die Legende erklärt so, wie der Wallfahrtsort entstanden ist. Im letzten Satz wird die besondere Beziehung der Pferde zu Etzelsbach unterstrichen, die auf der Art der Auffindung beruht. Dem Volksglauben genügte nicht nur die Auffindung des Bildes, sondern die Pferde wurden um die Kapelle geführt als Lob, Dank und Bitte für das Wohlergehen von Mensch und Tier. Festzuhalten bleibt aber, dass es nicht die Pferde sind, die Gott bitten, sondern die Menschen, die die Pferde um die Kapelle führen, das heißt, das Tun geht vom Menschen aus. Wenn in der Legende von Bitte die Rede ist, lag dieser Bitte eine Notsituation zugrunde.

Das Gnadenbild

Wie an vielen Marien-Wallfahrtsorten wird auch in der Wallfahrtskapelle zu Etzelsbach eine Pieta als Gnadenbild verehrt. Kunstgeschichtlich findet sie aufgrund ihrer „Einfachheit" keine Beachtung. Aber dennoch drückt sie die Frömmigkeit und die Erfahrung der Menschen des ländlichen Raumes aus. Die Pieta ist eine Darstellung Mariens, die ihren vom Kreuz abgenommenen toten Sohn auf dem Schoß hält. Seinen Ursprung hat diese Darstellungsform in der persönlichen Frömmigkeit der deutschen Mystik des 13. Jahrhunderts. Die Mystiker versuchten, u. a. den Schmerz und das Leid Christi sowie seiner Mutter bis hin zu den ersten Martyrern mit zutragen. Ein Schlüsselbegriff für die Mystik dieser Zeit ist das innere Mitgefühl und das Mitleiden. Vom Ablauf des Leidens Jesu hat solch ein Bild seinen Ort zwischen der Kreuzverehrung des Karfreitags und der Grablegung. Zur Zeit der Vesper (17.00/ 18.00 Uhr) wurde mit Hilfe dieses Bildes der fünf Wunden Jesu gedacht, der auf dem Schoß der Mutter ruht. Daher kommt auch die Bezeichnung ***„Vesperbild"*** für diese Darstellungsform.

Das Gnadenbild in Etzelsbach ist eine 65 Zentimeter hohe, wohl aus Thüringen stammende und in der ersten Hälfte des 17. Jahrhunderts gefertigte Holzplastik. Eine sichere Datierung ist nicht möglich. Auch weist sie häufige Überarbeitungen auf. Aber möglich ist, dass das Gnadenbild im Freien Aufstellung fand, da bei einer Restaurierung 1972 erhebliche Sandspuren in den Gewandfalten auffällig waren und die Figur im Ganzen Verwitterungserscheinungen aufweist. Eine Besonderheit bei der Figur ist die Lage des Leichnams. Selten ist bei solchen Darstellungen, dass der Leichnam Jesu mit dem Kopf auf der rechten Seite liegt. Auch die Seitenwunde Jesu ist dem Betrachter nicht zugewandt, was für ein Bild, das die fünf Wunden Jesu besonders herausstellen möchte, eher unüblich ist.

Ein besonderer Brauch - die Berührung des Gnadenbildes

Wenn man an den Wallfahrtstagen die Kapelle betritt, kann man immer noch beobachten, wie sich Wallfahrer vor das Gnadenbild stellen und mit einem Tuch den vom Schmerz und Tod gezeichneten Jesus abwischen. Dieses Tuch nehmen die Besucher dann mit zu den zu Hause gebliebenen Alten oder Kranken und wischen ihnen damit die Stirn oder die kranke Körperstelle ab.

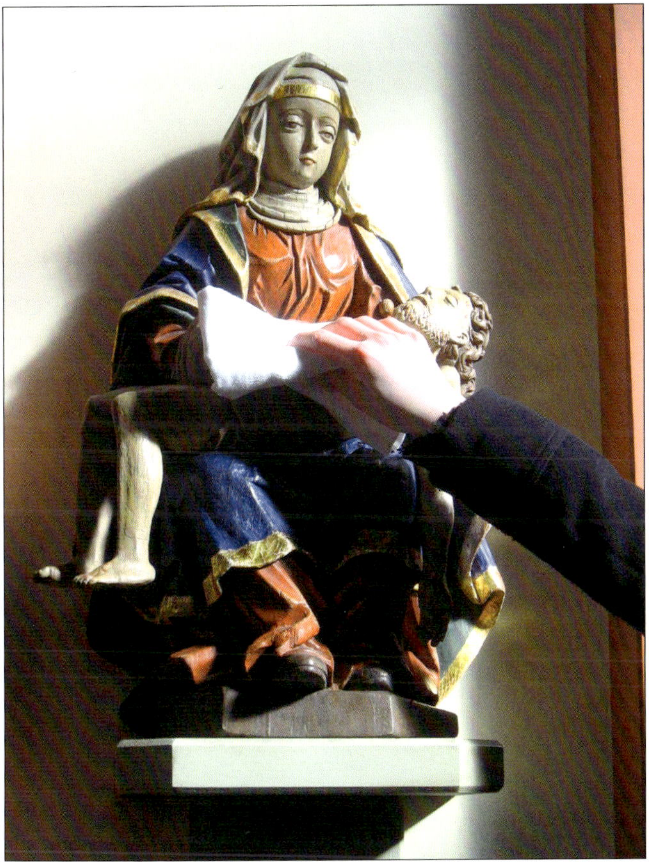

Mit einem Tuch wird das Gnadenbild abgewischt.

Die Wallfahrer, die nach Etzelsbach kommen, wollen durch die Berührung des Gnadenbildes eine Verbindung zwischen dem Gnadenort und dem Heimatort herstellen. So wird „die Gnadenwirksamkeit" des Wallfahrtsortes in das eigene Haus geholt. Der Kranke und die Angehörigen erhoffen sich auf diese Weise Hilfe.

Neben dem Brauch, das Gnadenbild zu berühren, soll hier nicht unerwähnt bleiben, dass es in den achtziger Jahren Kerzen, Medaillen und Aufkleber gab, die die Wallfahrer mit nach Hause nehmen konnten, um auf diese Weise den Wallfahrtsort in die Alltagswelt mitzunehmen.

Silbermedaille mit Gnadenbild und Kapelle, auch in Kupfer geprägt, Ø 22 mm, 1988.

Wallfahrten

Als sichere Quelle für die bestehenden Wallfahrtstermine können die bereits erwähnten Rechnungen von 1657 und 1661 gelten. Dort werden für die genannten Jahre Wallfahrten zu Mariä Heimsuchung, Mariä Himmelfahrt und Mariä Geburt genannt. Diese Wallfahrten werden auch als Erste, Zweite und Dritte Wallfahrt bezeichnet. Eine Bestätigung dieser Tage erhalten wir bei Johann Wolf in seiner 1809 erschienenen „Commentatio de Archidiaconatu Heiligenstadiensi". Unter dem Sedes Büren in der Rubrik „Ecclesia desolata" schreibt er: *„Etzelsbach locus quondam votivus. Nihil restat nisi parvum sacellum, ad quod primis dominicis post festum Mariae Visitantis, assumptae ac natae agmina supplicantium confluunt."* (Etzelsbach ist ein Gnadenort. Außer der kleinen Kirche ist nichts wiederhergestellt. Zu den ersten Sonntagen nach dem Fest Mariä Heimsuchung, Himmelfahrt und Geburt strömen Bittende zusammen.)

Nach Wolf waren die Wallfahrten im Jahr 1809 an den Sonntagen nach den jeweiligen Festgeheimnissen, wobei die Feier des Festes Mariä Heimsuchung eine Verschiebung erfahren hat. Es wird heute am zweiten Sonntag nach Mariä Heimsuchung gefeiert.

Seit 1932 werden die Wallfahrtsgottesdienste an einem Außenaltar zelebriert, der im geöffneten Torbogen der Kapelle Aufstellung findet. So kann die große Schar der Wallfahrer den Gottesdienst gut mitfeiern. Unter den mächtigen Linden finden sie Schutz, und das Blätterdach sorgt für schattige Plätzchen an einem heißen Sommertag.

Zu den drei ursprünglichen Wallfahrtsterminen ist noch ein vierter hinzugekommen und zwar zum Fest Maria Schnee.

Heute finden die Wallfahrten an folgenden Tagen statt:

- Fest Mariä Heimsuchung (2. Juli), gefeiert am zweiten Sonntag nach Mariä Heimsuchung
- Gedenktag Maria Schnee (5. August), gefeiert am Tag
- Fest Mariä Himmelfahrt (15. August), gefeiert am ersten Sonntag nach Mariä Himmelfahrt
- Fest Mariä Geburt (8. September), gefeiert am ersten Sonntag nach Mariä Geburt

Wallfahrtsgottesdienst zur 1. Wallfahrt, 1999.

Wer als Wallfahrer die *„Pferdewallfahrt"* erleben will, muss zum Fest Mariä Heimsuchung Etzelsbach aufsuchen. An diesem Tag kommen viele Pferdebesitzer mit ihren Pferden und stellen sie unter den Schutz Mariens. Der Begriff „Pferdewallfahrt" dürfte aber erst ein Produkt des vorigen Jahrhunderts sein. Dieser Begriff für eine Wallfahrt ist irreführend, weil Pferde keine Wallfahrer sind. Die Pferdehalter sind es, die mit ihren Tieren die Wallfahrt unternehmen und für sie den Segen erbitten.

In der Zeit vor der Mobilität durch das Auto war das Pferd mit dem Pferdewagen das Transportmittel der Wallfahrer aus den entfernteren Dörfern. Oft wurden die Leiterwagen zu einem Personenwagen umgebaut. So sind ganz unwillkürlich viele Gespanne gekommen. Vor und nach dem Wallfahrtsgottesdienst wurden die Pferde um die Kapelle geführt. Die Wallfahrt zu Mariä Heimsuchung ist die meistbesuchte Wallfahrt der zurückverfolgbaren Zeit, und demnach dürften auch immer die meisten Pferde dort gewesen sein. Das lag aber einfach daran, dass die Felder bestellt waren, die erste Heuernte eingebracht und die Bauern nun Zeit hatten bis zum nächsten Ernteeinsatz.

Zur Wallfahrt unterwegs, 1999.

In den erreichbaren Zeitungsartikeln über die Wallfahrten in Etzelsbach wird mit Rückbezug auf den Volksmund die Bezeichnung „Pferdewallfahrt" erstmalig 1929 genannt. Die Bauern der umliegenden Dörfer, wie Wingerode und Bodenrode, scheinen aber nur an dem ersten Wallfahrtstag ihre Pferde nach Etzelsbach geführt zu haben. Adalbert Nörthen aus Wingerode berichtet 1998 seine Erfahrungen aus den 1930er Jahren: *„In der Frühe um vier Uhr sind die Bauern mit ihren Pferden nach Etzelsbach geritten, haben dort die Pferde dreimal um die Kapelle geführt und sind dann wieder nach Hause geritten. Wenn die Reiter wieder zurück waren, ging es mit der Prozession nach Etzelsbach. Es waren ungefähr 150 bis 200 Wallfahrer. Die Prozession ging hinter der Struth am Bärenholz entlang. Auf dem Weg wurde gebetet und gesungen. Die älteren Leute, die nicht mehr so gut laufen konnten, sind mit dem Leiterwagen gefahren."* An den anderen Wallfahrtstagen sind sie nur in Prozession gekommen und der morgendliche Ritt nach Etzelsbach fiel weg.

Die Steinbacher Bauern haben ihre Pferde schon am Samstag vor der Wallfahrt nach Etzelsbach geführt oder teilweise am Sonntag in aller Frühe, um am Sonntag unbelastet davon zu sein und auch Zeit zu haben für die vielen Gäste, Verwandten und Bekannten, die sich am Wallfahrtstag zum Mittagessen einfanden.

Es war aber auch so, wenn die Bauern von Steinbach nach getaner Feldarbeit an der Kapelle vorbei kamen, und nicht gerade ein Gewitter am Himmel hing, wurde ausgespannt und die Pferde dreimal um die Kapelle geführt. Ein „Gegrüßest seist du Maria" war dabei auch noch drin.

Mit der Industrialisierung der Landwirtschaft in der DDR wurden die Bauern 1960 quasi enteignet und in die „Landwirtschaftliche Produktionsgenossenschaft" (LPG) gezwungen. Das hatte zur Folge, dass der Pferdebestand rapide abnahm. 1978 wurde bei der „Pferdewallfahrt" der

Pfarrer Stubenitzky segnet die vorbeiziehenden Pferde, 2007.

Tiefststand gezählt: zwei Pferde und ein Pony. Fünf Jahre später waren es schon wieder 90 Pferde, 1986 120 Pferde. Heute liegt der Schnitt zwischen 280 und 350 Pferden. Die ansteigenden Zahlen sind dem Interesse des aufkommenden Reitsports geschuldet. Es ist zugleich ein Zeichen für den Wandel der Stellung des Pferdes: vom Arbeitstier zum Freizeittier. In den achtziger und neunziger Jahren wurden zur 1. Wallfahrt durchschnittlich 10.000 Wallfahrer gezählt. Spitzenwerte wurden in der Wendezeit erreicht: 1988/89/90/93 12.000 Pers., 1991/92 sogar 13.000 Pers. Heute liegt der Schnitt bei 7.000.

Die während der Wallfahrt zum Fest Mariä Himmelfahrt gesegneten Kräuter werden mit nach Hause genommen, 2008.

Prozessionen nach Etzelsbach

Die in dem Brief genannten Dörfer Wingerode, Bodenrode, Westhausen, Günterode, Reinholterode und Steinbach sind die ersten Dörfer, die nachweislich in dem Anliegen des Menschen- und Viehsterbens nach Etzelsbach gewallfahrtet sind. Von daher werden sie als die traditionellen Wallfahrtsdörfern bezeichnet. Sie kamen in Prozessionen nach Etzelsbach.

Da aus den Jahren vor dem Schreiben der Chronik keine Aufzeichnungen vorhanden sind, finden sich Belege nur in den Kirchenrechnungen. In zwei Rechnungen von 1795 und 1796 sind Ausgaben für *„zwei neue Ringe an der Befestigung des Baldachins, der zum Schutz des Sakramentes getragen"* wurde, verzeichnet. Pfarrer Kullmann schlussfolgert daraus, dass *„die Prozession mit dem Allerheiligsten aus der Pfarrkirche in Steinbach zur Kapelle damals schon bestanden haben muss."*

Einen guten Einblick in den Ablauf der Prozession von Reinholterode und Steinbach als auch weitere Prozessionen aus den anderen Dörfern gibt ein Bericht von Anton Föllmer (1859-1931), den Pfarrer Kullmann in der Chronik niedergeschrieben hat. *„Sobald die Prozessionen von Reinholterode und manchmal auch die von Günterode in der Kirche von Steinbach eingetroffen waren, läuteten alle Glocken. Gegen 9 Uhr ging es mit dem Hochwürdigen Gute, begleitet von sämtlichen Fahnen und mit der angekleideten Muttergottes-Statue, die von den Jungfrauen getragen wurde, im feierlichen Zuge nach der Kapelle … Der Hohlweg bis zu diesem Punkte war zuweilen arg zerflossen, außerdem bot er wenig Platz, so dass bald ein Paar der Himmelträger, bald das andere hochging. Es kam vor, dass der das Hochwürdigste Gut tragende Geistliche auf dem Rückweg in den anstoßenden Garten gehen musste. Bei der Kapelle angekommen, ging der Geistliche mit dem Hochwürdigen Gut durch das Haupttor zum Altare, während die Himmelträger ihre Last über einen Tisch postierten, auf dem die Muttergottes-Statuen von Steinbach und Wingerode aufgestellt waren. Ein darauf befindlicher hölzerner Opferkasten lud die Wallfahrer zum Opfern ein. Die Prozessionen von Wingerode, auch wohl die von Beuren, sowie die von Kreuzebra, welch letztere gewöhnlich zur 1. Wallfahrt mit einer Kerze kam und einzelne Gruppen aus den weiter abliegenden Dörfern füllten allmählich den Wallfahrtsplatz."*

Diese Schilderung ist zugleich eine Bestätigung für Kullmanns Vermutung, dass die Prozessionen im 18. Jahrhundert in dieser Art durchgeführt wurden. So versammelten sich die Prozessionen von Reinholterode - und wenn eine von Günterode kam - in der Pfarrkirche zu Steinbach, wo sie zuvor mit Glockengeläut begrüßt wurden. Gemeinsam mit den Steinbachern, dem Allerheiligsten und einer ankleidbaren Muttergottesstatue ging es nach Etzelsbach. Die Muttergottesstatue wurde auf einen eigenen Tisch, der von dem mitgetragenen Baldachin überdacht wurde, abgestellt. Auch die Prozession von Wingerode hat ihre Muttergottes mitgebracht. Wenn man der Prozession einen Titel geben möchte, so könnte er lauten: Mit Maria auf dem Weg. Die Prozessionen wurden von den Lehrern der jeweiligen Dörfer geführt.

Die regelmäßigen Prozessionen müssen zwischen 1905 und 1930 abgeschafft worden sein. 1914 ist noch zu lesen: *„Prozessionen sind nur zwei gekommen, die übrigen im profanen Marsche",* und vier Jahre später: *„Schon lange ist die Prozession von Steinbach eingeschlafen. Die von Reinholterode war sehr klein."* Die Gründe dafür lassen sich nicht mehr nachvollziehen.

Die letzte Eintragung einer Prozession zu einer Wallfahrt macht Kullmann 1934 zur 1. Wallfahrt. In einem Zeitungsbericht von 1934 über die Wallfahrt zu Mariä Geburt, heißt es: *„Zum ersten mal nach langen Jahren waren die Gläubigen der Pfarrei Westhausen-Bodenrode in Prozession dorthin gezogen."* In den folgenden Jahren, teilweise bis in die sechziger Jahre hinein, gab es Versuche, die Tradition wieder aufzunehmen, die sich aber nicht mehr durchsetzen konnte. Die Ursachen dafür sind in der Zunahme der Mobilität der Wallfahrer zu sehen.

In den ersten Jahrzehnten des vorigen Jahrhunderts kam aus dem 15 km entfernten Kreuzebra auch eine Prozession. In einem Zeitungsartikel von 1915 ist zu lesen: *„Kreuzebra kam mit schwarzer Fahne, die an das alte Versprechen erinnert, dass man zur Zeit eines schwarzen Todes, der Cholera, nach Etzelsbach gewallfahrtet war; sie* [die Gemeinde] *versäumte auch nicht das übliche Opfer anzugeben und in diesem Jahre der altgewohnten Messe noch die neue Intention für die Krieger hinzuzufügen."* Mit der neuen Intention sind die Gefallenen des Ersten Weltkrieges gemeint. Dass die

Kreuzebraer eine besondere Beziehung zu Etzelsbach haben, wird auch deutlich an einem Bildstock im Hegeholz. In dem Bildstock befindet sich ein Gemälde des Gnadenbildes von Etzelsbach.

Bildstock im Hegeholz bei Kreuzebra.

Gebetserhörungen

In vielen Wallfahrtsorten gibt es Mirakelbücher, die über Gebetserhörungen und Heilungen berichten. Solch ein Buch gibt es für Etzelsbach nicht. Aber Pfarrer Kullmann hat in seinen Aufzeichnungen einige Gebetserhörungen aufgezeichnet. Eine Gebetserhörung soll hier abgedruckt werden:

„Die Frau K. S. in Uder hatte ein Töchterlein, Gretchen mit Namen, geb. 25. November 1887, das nicht gehen konnte. Das Kind war dreiviertel Jahre alt, da bekam es zwei Zähne auf ein Mal; nach der Ansicht des Arztes muss Fieber damit verbunden gewesen sein. Danach lahmte der linke Fuß und war kraftlos. Vorher hatte die Kleine schon Stühle vor sich hergeschoben und war so gegangen.

Jetzt lag sie immer auf dem Erdboden. Die Mutter reiste mit dem lahmen Kinde nach Göttingen, wollte es aber dem Professor nicht zur Beobachtung zurücklassen, sondern dachte: Lieber trägst du es mit dem Korbe nach Etzelsbach. Dreizehn Mal war darauf die Mutter bei Dr. Fuhlrott in Hohengandern, um die kleine Kranke elektrisieren zu lassen, aber ohne Erfolg. Jetzt hatte die Mutter nur noch die Absicht, die kleine Rutschende der Erde aufzubringen, dass sie an Krücken gehen könne. Alles Baden half nichts. Die beiden Beinchen schlamperten wie ein Paar leere Strümpfe. Mit der Absicht, dass das Kleine später wenigstens an Krücken gehen könne, trug die Mutter das dreijährige Kind im Korbe nach Etzelsbach, ging zwei Mal um die Kapelle und dann hinein.

Auf dem Heimweg hatte das Kind zwei Mal gebeten: ‚Mutter, ich will laufen.' Auf die zweite Bitte hin hatte die Mutter es wirklich aus dem Korbe genommen, aber laufen konnte es nicht. Ein daher kommender Mann sagte: ‚Das Kind lernt niemals das Laufen.'

Die Mutter kam nach Hause, ihr Gebet wurde erhört. Das Mädchen konnte hinfort an Krücken gehen und nach drei Jahren konnte sie ohne Krücken gehen und sogar, nachdem sie aus der Schule entlassen war, mit aufs Feld gehen und Kartoffel hacken. 29 Jahre alt wallfahrtete Margarethe auf Rat eines Paters zur Danksagung auf den Hülfensberg."

In dem Vorgängerbau der Kapelle gab es eine Wand, an der Votivtafeln angebracht gewesen sind. Sie waren Ausdruck für Gebetserhörungen. In den Nachfolgebau sind sie nicht übernommen worden.

Was nicht in dieser Tradition steht, aber auch damit zusammenhängt, ist die Auslage eines Bitt- und Dankbuches in der Kapelle. Am 31. August 2000 ist der erste Eintrag in das Buch erfolgt. Ein unbekannter Beter hat es ausgelegt, und seitdem sind schon einige Bücher gefüllt worden. Sie erzählen vom Leben und von dem, was die Wallfahrer, Besucher und Beter vor das Gnadenbild bringen.

Das Ziel vor den Augen zur 1. Wallfahrt 2005.

Neueres Brauchtum

Pferdesegnung

Wurde in früherer Zeit der Segen für das Tier ausschließlich durch die dreimalige Umrundung der Kapelle erbeten, so erfolgt die Segnung der Pferde seit 1978 nach Abschluss des Wallfahrtsgottesdienstes. Die Pferde werden vor dem Außenaltar vorbeigeführt, und der Pfarrer segnet die Pferde mit Weihwasser. Viele der Wallfahrer schauen dabei zu, wie die Pferdehalter ihre Pferde voller Stolz zur Segnung führen. Die Pferde sind teilweise geschmückt, andere haben ihren Pferden kleine Kunststückchen beigebracht. Was mache Pferdehalter ihren Pferden antrainiert haben, scheinen sie selbst vergessen zu haben.

Bei der Pferdesegnung wird den Pferdebesitzern seit 1980 für die Pferde eine Lederplakette als Erinnerung an die Wallfahrt überreicht.

Im volkskundlichen Brauchtum der Umritte gilt diese Praxis als „Umkreisung". Dabei ist die Dreizahl wichtig. Die dreimalige Umkreisung findet heute eher außerhalb der Wallfahrtstage statt, wenn Pferdehalter mit den Tieren den Ort besuchen und sie um die Kapelle führen.

Fahrzeugsegnung

1979 hat Pfarrer Gerhard Miksch, der 27 Jahre als Pfarrer von Steinbach auch für die Wallfahrten und die Kapelle verantwortlich war, die Fahrzeugsegnung in Etzelsbach eingeführt. Damit hat er eine neue Tradition in Etzelsbach begründet, womit der Zunahme der Motorisierung Rechnung getragen wurde. Nach der Andacht vor geöffnetem Kapellentor zieht der Pfarrer segnend durch die Reihen der Autos. Von Anfang an wurde die Fahrzeugsegnung gut angenommen, die am Sonntag nach dem Gedenktag des hl. Christophorus (24. Juli) stattfindet. Beginn ist um 14.00 Uhr.

Seit 1979 liegt in der Sakristei ein ***Zelebrationsbuch*** aus, in dem sich alle Priester eintragen, die in Etzelsbach einen Gottesdienst feiern. Der erste Eintrag ist vom 22. Mai 1979, wo Pfarrer Herbert Oberthür mit seiner

Gemeinde aus Hundeshagen das Bittamt vor Christi Himmelfahrt in der Kapelle gefeiert hat.

2010 wurde in Holungen ein ***neuer Brauch*** begründet. Seit Jahren kommen Pferdehalter mit ihren Pferden aus Holungen nach Etzelsbach. Im genannten Jahr wurden die Reiter vom Pfarrer für ihren Wallfahrtsweg gesegnet.

Kapelle von 1801, Bleistiftzeichnung von Franziska Sacher, 2011.

Anna selbdritt, 16. Jh. im nördlichen Seitenschiff.

Baugeschichte der Kapelle

Die jetzige neugotische Kapelle in Etzelsbach hat schon mehrere Vorgängerbauten gehabt. Als erster Nachweis eines Gotteshauses ist die 1525 abgebrannte Kirche zu nennen, über deren Wiedererrichtung nichts zu erfahren ist. Ein Altarstein von 1602 ist alleiniger Zeuge, dass hier Gottesdienst gefeiert wurde. Baugeschichtlich nachweisbare Fakten über einen Kapellenbau sind aus verschiedenen Briefen des Steinbacher Pfarrers Johannes Michel an das Bischöfliche Kommissariat in Heiligenstadt für das Jahr 1801 zu entnehmen. In einem ersten Brief berichtete Pfarrer Michel, dass die alte Kapelle baufällig sei und keine weiteren Reparaturen möglich seien. Ein Kapellenbau wurde genehmigt und 1801 ausgeführt. Die Kapelle hatte einen Grundriss von ca. 9,50 x 7,50 m. Die innere Höhe betrug bis unters Dach 5,60 m. Sie hatte zwei Türen und auf der Giebelseite im Westen ein Tor. Die Anordnung der Zugänge wurde später in den Nachfolgebau übernommen.

Bereits 1847 wurden dringende Reparaturen an der Kapelle erforderlich, was sich in den folgenden Jahren noch fortsetzten sollte. Die häufigen Reparaturen lassen auf keinen allzu soliden Bau schließen. Wie Kullmann in der Geschichte von Etzelsbach schrieb, soll beim Bau der Kapelle Holz aus der 1779 abgebrochenen Pfarrkirche in Steinbach verwendet worden sein. Über das Innere berichtete Pfarrer Kullmann: *„Die Decke im Inneren war flach und bestand aus Brettern, die unter das Gebälk genagelt waren. Blaue Farbe der Decke sollte an das Himmelsgewölbe erinnern. Die getünchten Wände waren in weiß gehalten ... Der Altar, an der Chorwand stehend, war kaum mehr als eine Leuchterbank. Auf der Epistelseite, unweit der südlichen Tür, war das Gnadenbild angebracht."*

Wetterfahne von der alten Kapelle, die 1897 abgerissen wurde, Bleistiftzeichnung von Franziska Sacher 2011. M = Maria, R = Regina, Königin Maria.

Die Kapelle des 20. Jahrhunderts

Ein Neubau der Kapelle wurde bereits 1886 durch Pfarrvikar Klemens Hesse beim Kommissariat in Heiligenstadt angeregt, weil seiner Meinung nach die Kapelle zu klein und baufällig war. Hesse war von 1884-1899 Seelsorger in Steinbach. In den folgenden Jahren wurde Geld für den Kapellenneubau gesammelt, sodass 1895 neben dem nötigen Geld auch der von Franziskanerbruder Paschalis Gratze erstellte Entwurf der Kapelle dem Kommissarius Osburg vorgestellt werden konnte. Pfarrer Hesse wartete noch ein Jahr, um den Baufonds weiter anwachsen zu lassen, doch in der Zwischenzeit starb Bruder Paschalis. Daher wurde die Bauführung im Mai 1897 dem Heiligenstädter Architekten Fritz Cordier (1857-1927) übertragen, der die Baupläne des Franziskanerbruders abänderte. Bei Kullmann ist zu den Änderungen Folgendes zu lesen: *„Nach allen Seiten hin ist der Innenraum um einen Meter erweitert. Statt der früher projektierten drei Türen ist an der Westseite der Kapelle ein großes Tor vorgesehen, durch welches die vor der Kapelle stehenden Wallfahrer die heilige Handlung ungehindert sehen können. Statt des einen Mittelpfeilers, der die Aussicht sehr behindert, sollen vier kleinere Pfeiler geschaffen werden ... Denn nach dem Plan des Br. Paschalis wäre die Kapelle zweischiffig geworden mit einem einzigen dicken Pfeiler in der Mitte."* Der Grundstein soll am 29. August 1897 durch Pfarrer Hesse gelegt worden sein. Maurermeister Joseph Apel aus Kallmerode führte die Maurerarbeiten aus. Bereits im November 1897 war der Bau bis über die Fenster fertiggestellt, und das noch fehlende Hauptgesims wurde im Frühjahr 1898 aufgesetzt, sodass mit der Errichtung der vier Säulen, des Altarstockes, des Daches und des eingezogenen Rabitzgewölbes der Rohbau im Herbst 1898 abgeschlossen war. Während der Wallfahrt zum Fest Mariä Geburt 1898 erfolgte die Benediktion der Kapelle.

Kullmann beschrieb den Entwurf von Paschalis Gratze sehr genau. Wer eine solche Kirche sehen möchte, sollte nach Treffurt fahren und sich die katholische Kirche St. Marien anschauen, die nach seinen Entwürfen erbaut worden ist.

Nächste Seite: Innenansicht der Kapelle.

Die Ausstattung der Kapelle

Wer heute die Kapelle durch die Südtür betritt, wird zunächst von der Helle des Raumes und den bunten Fenstern überrascht. Der erste Blick fällt auf das große Rundfenster der Nordseite mit der Darstellung von

Nothelfer-Fenster auf der Südseite.

sieben Nothelfern. Die anderen sieben Nothelfer sind im Rundfenster über der Südtür. Hilfreich ist für den Betrachter die Zuordnung der Namen zu den einzelnen Brustbildern.

Im Eichsfeld erfahren die Vierzehn Nothelfer eine große Verehrung. In Kirchen und Kapellen findet man ihre Darstellung. Zu dem fränkischen Wallfahrtsort Vierzehnheiligen besteht eine lange Eichsfelder Tradition. Der 29. Juni ist dort der traditionelle Wallfahrtstag der Eichsfelder.

Die drei Chorfenster (siehe Umschlagseite) zeigen in der Mitte das Patrozinium der Kapelle, Mariä Himmelfahrt. Maria schwebt über den Wolken, von zwei Egeln umgeben. Die Krone auf ihrem Kopf weist sie als Königin des Himmels aus. In der Tradition der Kirche ist dies einer der Titel für Maria. Eingerahmt ist sie von einem Strahlenkranz. Die bittenden Hände zeigt sie als Fürsprecherin der Menschen. Als solche wird sie von den Gläubigen hier auch aufgesucht. Der untere Teil des Fensters hat keinen figürlichen Inhalt, weil bis zur Renovierung 1972 vor dem Fenster der Hochaltar stand und den unteren Teil des Fensters verdeckte.

Das Fenster findet seinen Abschluss in einem kleinen runden Maßwerkfenster. Hier ist Papst Klemens I. mit Tiara, segnender Hand und Papstkreuz dargestellt. Es ist als Reverenz an den Initiator des Kapellenneubaues, Klemens Hesse (1839-1900), zu verstehen, der diesen Heiligen verehrt hat.

Das linke Chorfenster zeigt den heiligen Wendelin, den Patron der Hirten und Bauern. Er wird gegen Viehseuche und für eine gute Ernte angerufen. Der im 6. Jahrhundert lebende Heilige ist hineingesetzt in seinen ländlichen Lebensraum. Im oberen Teil des Bildes öffnet sich der Blätterwald, und im hellen Licht erscheint eine Stadt. Es kann die Stadt seiner Sehnsucht sein, das Himmlische Jerusalem. Dargestellt ist er mit einem Stab, der Hirtenstab oder auch Pilgerstab sein könnte, da Wendelin auch mit einer Romwallfahrt in Verbindung gebracht wird. Am rechten Arm trägt er einen Pilgerbeutel.

Auf der anderen Seite ist die Darstellung des heiligen Hubertus. Er wurde um 705 Bischof von Tongern-Maastrich und wird als sehr sozial beschrieben. Seit dem 15. Jahrhundert erzählt die Legende von Hubertus, der bei der Jagd im Geweih eines Hirsches den Gekreuzigten gesehen haben soll. Eine solche Begebenheit ist auch von Eustachius bekannt. Im Fenster wird er als Jäger dargestellt, den Bogen zu seinen Füßen und das Horn über die Schulter gehängt. Der Hirsch im oberen Bildteil hat im Geweih das Kreuz. Diese helle Stelle korrespondiert mit dem Wendelinfenster. Fast auf gleicher Höhe sind diese hellen Lichteinfälle. Hubertus sieht den Gekreuzigten und Wendelin das Himmlische Jerusalem. Neben den vielen Patronaten, die Hubertus hat, ist er besonders der Patron der Jäger.

Mit den Darstellungen der Vierzehn Nothelfer, der hll. Hubertus und Wendelin wurde die große Verehrung und Verbundenheit der ländlichen Bevölkerung mit diesen Heiligen deutlich.

Alle beschriebenen Fenster wurden 1900 und 1901 von der Firma Heinz Ely aus Kassel geschaffen. Die unterschiedliche Erhaltungsqualität der Fenster fällt auf, das liegt daran, dass die Chorfenster noch nicht restauriert worden sind.

Kapelle vor 1972, Repro einer Postkarte.

1972 erfolgte eine umfassende Umgestaltung der Kapelle. Die drei neugotischen Altäre wurden neben anderen Einrichtungsgegenständen entfernt und die durch Feuchtigkeit teilweise stark in Mitleidenschaft gezogene Ausmalung nicht wieder hergestellt. Der Liturgiereform gemäß ist ein neuer Zelebrationsaltar aufgestellt worden. Das an der Chorwand stehende Kreuz ist zu Beginn der neunziger Jahre in die Kapelle gekommen. Es wurde von dem Steinbacher Gerhard Kulle als Gedächtniskreuz für die Gefallenen des Zweiten Weltkrieges für die Kirche in Steinbach angefertigt. Das neugotische Schnitzwerk ist ein Segment aus der alten Ausstattung.

Reliefplatte mit Verheißung des Messias, Wilhelm Siebe, 1906/07.

Bei der Neugestaltung der Kapelle hat man auf die Seitenaltäre verzichtet, sodass die Plastiken, Anna selbdritt und das Gnadenbild, an die weiß gestrichenen Wände gehängt wurden. Das Gnadenbild im südlichen Seitenschiff, auf das an dieser Stelle nicht mehr weiter eingegangen werden soll, ist von zwei Reliefplatten umgeben. Links neben dem Gnadenbild ist die Kreuzabnahme und rechts die Grablegung Jesu dargestellt. Sie stehen in der zeitlichen Folge des Geschehens: Kreuzabnahme, Beweinung, Grablegung. Im nördlichen Seitenschiff ist eine Darstellung der Anna selbdritt angebracht. Es sind drei Generationen dargestellt: Anna, die Mutter Marias, Maria selbst und ihr Sohn Jesus. Diese Figurengruppe ist in das 16. Jahrhundert zu datieren. Vor der Aufstellung in der Kapelle war sie im Besitz der Pfarrei Steinbach. Ihr zur Seite sind ebenfalls Reliefplatten angebracht. Die linke stellt dar, wie der Prophet Jesaja König Ahas die Ankunft des Messias ankündigt: *„Darum wird euch der Herr von sich aus ein Zeichen geben: Seht, die Jungfrau wird ein Kind empfangen, sie wird einen Sohn gebären und sie wird ihm den Namen Immanuel (Gott mit uns) geben."* (Jes 7,14)

Auf der rechten Seite ist die Opferung des Isaak zu sehen. Alle vier Reliefplatten wurden in der Kunstschnitzerwerkstatt von Wilhelm Siebe (1849-1912) in Wiedenbrück hergestellt. Siebe gehört zu den Begründern der „Wiedenbrücker Schule". Die Reliefplatten sind um 1906/07 angefertigt worden, als in der Kapelle die neugotischen Altäre aufgestellt wurden.

Blick in das Sterngewölbe und auf die Säule mit Blatt- und Knospenkapitell.

Besondere Aufmerksamkeit bedürfen die heute noch vorhandenen Wandbilder und die Ausmalung des Gewölbes im Chor. Nur ihrer Qualität und Einmaligkeit ist es zu verdanken, dass sie 1972 nicht übermalt wurden. Am beeindruckendsten ist wohl die Darstellung der Apokalyptischen Reiter an der Westseite der Kapelle. Dieses und das Gemälde im Chorraum von der „Auffindung des Gnadenbildes“ stammen von dem Würzburger Kunstmaler Willy Jakob.

Willy Jakob wurde am 8. August 1895 in Wenigumstadt geboren. Kunsthistorische Studien absolvierte Jakob bei Prof. Knapp in Würzburg und Prof. Uebe in Münster. Wichtig für sein künstlerisches Schaffen war der Würzburger Bildhauer Heinz Schiestl (1867-1940). Vor dem Zweiten Weltkrieg hatte er viel in Eichsfelder Kirchen gearbeitet, so in der Hülfensbergkirche, in Steinbach, Hildebrandshausen, Gerbershausen, Kefferhausen, Rimbach u. a. Am 30. Dezember 1967 ist er in Würzburg gestorben.

Den Plan für dieses Gemälde der Apokalyptischen Reiter hatte Pfarrer Kullmann. *„Schon lange hatte ich den Plan gefasst, das große Feld über dem Tor mit einem Bilde zu schmücken. Es sollte etwas von der Pferdewallfahrt und von Fürbitten der Kraft der Gottesmutter in sich enthalten. So kam ich auf die Apokalyptischen Reiter (Offb 6,1-7). Da waren Pferde zu sehen und Maria darein zu bringen war nicht gerade schwierig. Sie sollte, während die Schreckensreiter wüteten (Pest, Hunger, Krieg), den Reiter auf weißem Ross, den Heiland, bitten, die Schreckensreiter abziehen zu lassen.“* Diese 1925 zur Ausführung gekommene Darstellung mit Maria als Fürsprecherin dürfte kunstgeschichtlich einmalig sein.

1929 malte Jakob an die Südseite des Chorinnenraumes die in der Legende erzählte Auffindung des Gnadenbildes und ebenso die Hinterglasmalerei in dem Bildstock des Kapellenplatzes.

Das Rankenwerk an der Decke des Chores wurde 1915 vom Kunstmaler Asal angebracht. Leider gibt es zu ihm keine weiteren Angaben. Die Qualität ist so gut, dass es bisher immer nur gereinigt werden musste und noch den Originalzustand wiedergibt. In den einzelnen Gewölbefeldern ist dicht verschlungenes Rankenwerk zu sehen. Doch jeweils in der Mitte wird das Rankenwerk durch Ringe und an der Chorfensterseite mit Kronen zusammengehalten. Es sieht so aus, als ob dort etwas geöffnet und verschlossen werden kann. Die Deutung ist nicht schwer: Die Kronen stehen für die Dreifaltigkeit. Die drei göttlichen Personen Vater, Sohn und

Heiliger Geist, sind heilig. Die grüne Farbe steht für die Hoffnung. So soll kein Mensch seine Hoffnung aufgeben, wenn er hier herkommt und bittet. Maria als Fürsprecherin kommt zu Hilfe.

Im Chor der Kapelle befinden sich auf der linken Seite zwei schmiedeeiserne Gitter. Beide wurden 1984 von Schmiedemeister Andreas Anhalt aus Steinbach gefertigt.

Rankenwerk im Chorraum, 1915.

Über die Apokalyptischen Reiter heißt es in der Offenbarung des Johannes: *„Da sah ich ein weißes Pferd; und der, der auf ihm saß, hatte einen Bogen. Ein Kranz wurde ihm gegeben und als Sieger zog er aus, um zu siegen ... Da erschien ein anderes Pferd; das war feuerrot. Und der, der auf ihm saß, wurde ermächtigt, der Erde den Frieden zu nehmen, damit die Menschen sich gegenseitig abschlachteten. Und es wurde ihm ein großes Schwert gegeben ...*

Da sah ich ein schwarzes Pferd; und der, der auf ihm saß, hielt in der Hand eine Waage ...

Da sah ich ein fahles Pferd; und der, der auf ihm saß, heißt ‚der Tod'; und die Unterwelt zog hinter ihm her. Und ihnen wurde die Macht gegeben über ein Viertel der Erde, Macht, zu töten durch Schwert, Hunger und Tod und durch die Tiere der Erde." (Offb 6,1-8).

Gemälder der apokalyptischen Reiter an der Westseite.

Es lohnt sich als Besucher der Kapelle, sich die Zeit zu nehmen und sich in die Mitte zu setzen oder zu stellen. Seitlich ist man von den 14 Nothelfern umgeben, die als Helfer den Menschen zur Seite stehen. Nach vorn schauend, sieht man die hll. Wendelin und Hubertus mit dem Stück geöffnetem Himmel. Durch Beten öffnet sich der Himmel. Maria hat ihren Weg als Himmelskönigin vollendet und tritt bittend für uns ein. Sie ist in den Himmel aufgenommen. Über allem, wenn jetzt auch im Rücken, thront Christus, der Sieger. Die lebensbedrohlichen Mächte hat er besiegt, sie haben keine Macht mehr. Der Regenbogen in Anlehnung an das Alte Testament bringt auch hier noch einmal zum Ausdruck, dass der Bund zwischen Gott und den Menschen nach wie vor gilt. Christus ist der, der hinter allem steht und in diesem Fall, dem Beter den Rücken stärkt.

Verkündigungsengel von Ludwig Sonnleitner über dem Hauptportal.

Das Äußere der Kapelle wird durch das große spitzbogige Tor geprägt. An den traditionellen Wallfahrtstagen ist es weit geöffnet. Für die Gottesdienste wird eine Altarplattform aufgebaut, die es den Wallfahrern ermöglicht, dem Gottesdienst gut zu folgen. Über dem Tor befindet sich die lebensgroße Figur des Engels Gabriel. Es ist der Engel, der Maria die Botschaft ihrer Empfängnis überbracht hat. Die abwehrende rechte Hand bezieht sich auf den Dialog mit Maria, dass sie keine Angst haben muss. Die Figur ist in weißem Sandstein gefertigt und hebt sich damit schon vom roten Ziegelbau ab.

Bildstock „Josephs Tod" von Ludwig Sonnleitner.

Der Engel Gabriel ist ein Werk des Würzburger Bildhauers Ludwig Sonnleitner (1878–1947). Für den Wallfahrer ist es schön, durch das geöffnete Tor zu schreiten und sich vom Engel seine persönliche Botschaft Gottes sagen zu lassen. Das Tor wird von außen von zwei Bildstöcken eingerahmt. Auf der rechten Seite ist eine weitere Pieta aufgestellt. Wie die Jahreszahl zeigt, wurde sie 1805 geschaffen und befand sich am Vorgängerbau über dem Tor der Kapelle. Wie immer wieder Steinbacher Handwerker an und in der Kapelle ihre Spuren hinterlassen haben, so ist auch diese Sandsteinpieta das Werk eines Steinbachers, Johannes Wiederholt. Von ihm wurde 1790 auch der Bildstock auf dem Kapellenplatz geschaffen.

Südostseite der Kapelle.

Auf der linken Seite der Westfassade befindet sich die Darstellung „Josephs Tod". Solche Bildnisse oder auch Gemälde gehen auf das 16. Jahrhundert zurück. Dargestellt sind der betende Jesus und Maria. Sie begleiten Joseph in den letzten Stunden seines Lebens. Inhaltlich kommt ein Wunsch der damaligen Zeit zum Ausdruck, nicht allein sterben zu müssen. Es war die Zeit von Pest und Kriegen, in denen die Familien auseinandergerissen wurden. Auch heute in unserer privatisierten Welt hat die Darstellung von Josephs Tod nichts an Aktualität verloren.

Gegenüber der Westseite der Kapelle befindet sich eine Lourdeskapelle. Sie wurde 1934 von dem Würzburger Architekten Robert Müller entworfen und gebaut. Sie nimmt die Marienerscheinung 1858 in Lourdes auf, wo der vierzehnjährigen Bernadette die Muttergottes erschienen ist. Die Figurengruppe wurde von Ludwig Sonnleitner in weißem Marmor ausgeführt. Zwei Gemälde von Willy Jakob in der Lourdeskapelle erzählen Begebenheiten aus dem Leben Bernadettes.

Lourdeskapelle, 1934.

Bernadette und Maria, Marmor, von Ludwig Sonnleitner, 1934.

Gebetsgut des Wallfahrtsortes

In einem 1960 erschienenen „Andachtsbüchlein zur Verehrung der Gnadenmutter von Etzelsbach" befinden sich auch einige Gebete, die mit diesem Ort verbunden sind. Nachfolgend sollen sie hier abgedruckt werden.

Uraltes Gebet vor dem Gnadenbild der Schmerzhaften Muttergottes

O schmerzhafte Jungfrau Maria, du wahrer Brunn der Gnaden, ich, dein Kind, komme zu dieser heiligen Gnadenkapelle, dich zu besuchen und dir all mein Herzeleid zu klagen. Deshalb falle ich vor deinem Gnadenbilde auf meine Knie und grüße dich von Grund meines Herzens. Ich erinnere dich der betrübten Stunden, als du deinen toten Sohn auf deinen mütterlichen Schoß legtest und mit deinen mütterlichen Armen umfingst. Sei eingedenk, o Maria, wie dir damals zumute war, als du seine tiefen Wunden mit deinen Augen ansahest, mit deinen Händen berührtest, mit deinen Tränen benetztest, mit deinem Munde küsstest und an dein treues Herz drücktest. Ach wie war dein mütterliches Herz damals so sehr betrübt, und wie schmerzlich beklagtest du den unschuldigen Tod deines eingeborenen Sohnes! Durch die bitteren Schmerzen, die damals deine Seele durchdrangen, bitte ich dich, o Maria, drücke dies betrübte Geheimnis in meine sündige Seele, auf dass ich das bittere Leiden deines Sohnes mit dir schmerzlich betrauere und meine schweren Sünden, welche dich und deinen Sohn in so großes Herzeleid gebracht haben, bitterlich beweine!

O Trösterin der Betrübten, wegen der bitteren Betrübnis, die du damals empfandest, bitte ich dich demütig, tröste meine betrübte Seele in all ihrer Betrübnis, und stärke mein verzagtes Herz in all seiner Kleinmütigkeit! In diesem deinem gnadenreichen Heiligtum, vor diesem Gnadenbild gieße ich mein bedrängtes Herz aus und klage dir, als ein Kind seiner Mutter, alle meine Not und Armseligkeiten. O gnadenreiche Mutter Maria, lasse den Brunnen deiner mütterlichen Gnade über mich quellen und lass das Wasser deiner mildesten Barmherzigkeit über mich fließen! Aus deinem Gnadenbrunnen haben viele tausend betrübte Herzen getrunken und sind an Leib und Seele mächtig gestärkt worden.

Ach, so lass mich Armseligen auch einer von diesen sein, und lass mich nicht betrübt von diesem deinem Gnadenbild scheiden! Ich opfere dir mein Gebet, das ich allhier gesprochen, und all meine Andacht, die ich auf dem Wege und in dieser heiligen Gnadenstätte verrichtet habe. Du wolltest dies alles in deinem süßen Herzen verbessern und deinem liebsten Sohne zu einer größeren Ehre und zu meinem Seelenheile aufopfern. Opfere ihm auch all mein Tun und Lassen, mein Kreuz und Elend, meine Sorgen und Geschäfte, meinen Leib und meine Seele, mein Leben und Sterben! In meinem bitteren Todeskampfe stehe mir treulich bei und erinnere dich alsdann, dass ich heute zu deiner Ehre diese Wallfahrt verrichtet und dich hier von ganzem Herzen um Barmherzigkeit angerufen habe, auf dass ich, durch deine Hilfe in meiner Todesangst gestärkt, selig von dieser Welt abscheide. Amen.

Details des Gnadenbildes.

Gebet beim Abschied vom Gnadenbild

Nun habe ich das Glück gehabt, an diesem heiligen Ort zu dir meine Augen zu erheben und mein Herz vor dir auszugießen. O, gewiss ist es nicht umsonst geschehen! Nicht umsonst flehte ich deine Barmherzigkeit an, nicht umsonst deine Milde und Freigiebigkeit; noch nie ist ein Mensch ungehört von dir weggegangen. Im Vertrauen, dass du mich erhört hast, trete ich froh die Rückreise nach meiner Heimat an und will alle Tage meines Lebens die Menge deiner Erbarmungen preisen.

Aber bevor ich gehe, o gnadenreiche Mutter, bitte ich dich um deinen mütterlichen Segen.

Siehe mich hier zu deinen Füßen, harrend auf deine Gnadenvermittlung. Segne mich an Leib und Seele: meinen Verstand, damit er immer das Wahre suche und finde; meinen Willen, damit er nichts anderes als Gottes heiligsten Willen verlange; mein Gedächtnis, damit es fortwährend deiner und deines Sohnes eingedenk sei.

Segne alle meine Wünsche und Neigungen, meine Entschlüsse und Vorsätze, meine Schritte und Tritte, meine Mühen und Arbeiten, alle meine Stunden und Augenblicke, ja mein ganzes Leben und meinen Tod.

Segne meine Verwandten und Bekannten, meine Eltern und Angehörigen, mein Haus und meinen Hof, meine Felder und Wälder, Wiesen und Äcker und all mein Eigentum.

O Mutter des himmlischen Segens, breite deine gnädige Hand über mich aus und indem ich mein Haupt beuge und mein Herz zu deinem Sohn erhebe, segne mich in allem für Zeit und Ewigkeit, und dein heiliger Segen bleibe immer und allezeit bei uns. Im Namen Gottes des Vaters und des Sohnes und des Heiligen Geistes. Amen.

Eigenes Gebets- und Liedgut von Etzelsbach

Litanei zur Gottesmutter von Etzelsbach

V. Mutter Gottes, wir rufen zu dir!

A. Mutter Gottes, wir rufen zu dir!

V. Wir kommen, o Mutter der Schmerzen,
zu dir heut' mit angstvollen Herzen!

A. Maria, wir rufen zu dir!

V. Dein Gnadenbild, Fürstin der Frauen,
erfüll uns mit tiefem Vertrauen.
Bei dir sind wir alle geborgen
mit unseren Ängsten und Sorgen.
Denn du bist mit Herz und Gemüte
ein Abglanz der ewigen Güte.

V. Mutter Gottes, wir rufen zu dir!

A. Mutter Gottes, wir rufen zu dir!

V. Zu dir hat seit uralten Tagen
das Eichsfeld sein Herzleid getragen.
Wer hat in notschweren Stunden
hier Gnade und Tröstung gefunden?
Auch hast du lieblich erhöret
und uns deine Hilfe gewähret.
Du hast uns in kriegsschweren Jahren
gerettet aus allen Gefahren.
Drum wollen mit dankbaren Weisen
wir heute dich ehren und preisen.

V. Mutter Gottes, wir rufen zu dir!

A. Mutter Gottes, wir rufen zu dir!

V. Du wirst auch in kommenden Tagen
uns nie deine Hilfe versagen.

So heile die Wunden, die bluten,
und wend' unser Unglück zum Guten.
Und woll' aus der Welt, aus der weiten,
nach Haus uns're Lieben geleiten.
Und die in Fremde verschieden,
die führe zum ewigen Frieden.
Uns all aber wolle bewahren
vor Unheil und neuen Gefahren.
O here Patronin, behüte
dein Eichsfeld in sorgender Güte.

V. Mutter Gottes, wir rufen zu dir!

A. Mutter Gottes, wir rufen zu dir!

Verkündigungsszene, Hinterglasmalerei, Willy Jakob, 1928.

Engel des Herrn

Der Engel sprach zur Jungfrau rein:
„Nur du sollst Gottes Mutter sein,
Die Demut hat der Herr geschaut
Und die erwählt zu seiner Braut."

Die Antwort war: „Sieh Deine Magd,
Gescheh mir, Herr, wie Du gesagt,
Ich hab mich dir allein geweiht,
Dem Ehre sei in Ewigkeit."

Das Wort von seines Vaters Thron
Steigt nieder als des Höchsten Sohn,
Nahm von der Jungfrau Fleisch und Blut
Und wohnt bei uns als höchstes Gut.

Wollst, Herr, durch Deine blut'ge Pein
Den armen Seelen gnädig sein,
Erleuchte sie mit Deinem Licht,
Sei ihnen gnädig im Gericht.

Dieses Lied ist das traditionelle Wallfahrtslied von Etzelsbach. Es wird immer am Ende der Wallfahrt gesungen.

Kräuterbusch mit Rose.

Bruderschaftslied

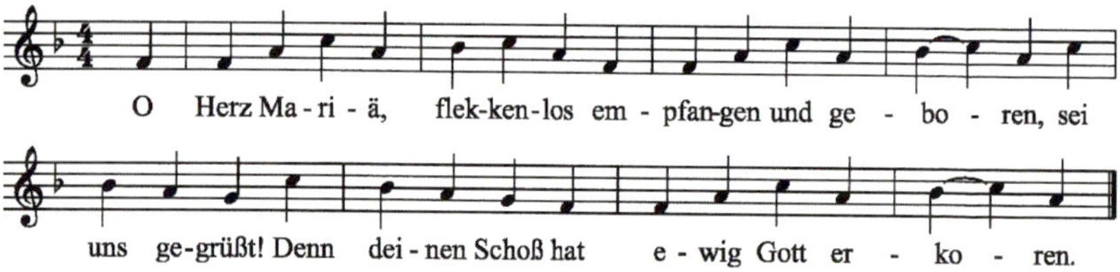

2. O flehe, süßes Mutterherz! dass ich auf deinem Pfade gleich dir erglühe himmelwärts durch Gottes milde Gnade.

3. Sei Friedenstaube! uns gegrüßt, die für das Heil du wachtest, denn mild ward unser Leid versüßt, als du den Ölzweig brachtest.

4. O keusche Jungfrau, steh' mir bei durch deine milden Bitten, dass keusch und rein mein Wandel sei und heilig meine Sitten.

5. O Morgenrot! dein Licht verbannt die Nacht, dem Tod verbündet, als Gabriel, von Gott gesandt, die Botschaft dir verkündet.

6. O mildes Herz, das Gnade fand, erfleh' bei deinem Sohne, dass er, dein hochgelobtes Pfand, in meinem Herzen wohne!

7. Ach, bei des Opfers Morgenrot hörst du das Wort erklingen: bei seines Abendopfers Tod wird dich ein Schwert durchdringen!

8 . Dies Schwert schlug Wunden deiner Brust, die blutend du empfandest eh' du nach schmerzlichem Verlust dein Kind im Tempel fandest.

9. O Mutterherz, wie treu und zart hast du der Worte Fülle, die du von Jesu aufbewahrt, bedacht in heil'ger Stille!

10. O wie zerfloss dein Herz vor Glut, das seinen Schöpfer schaute, wie er in deiner Hütte ruht', der alle Himmel baute!

11. Es zeugen Kana's Gäste laut, wie mild du dich erzeigest, und dass, wenn dir das Herz vertraut, du Gott zu Wundern neigest.

12. Wer auf dich hofft, wird selig sein, und Gnade durch dich finden; du reichtest ihm des Trostes Wein, wenn seine Kräfte schwinden.

Hier folgt ein Melodiewechsel.

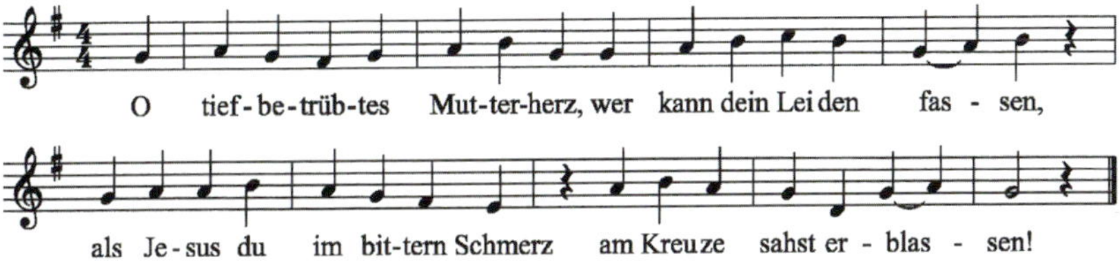

14. Das tiefste Leid hat dich verzehrt; es starb mit ihm dein Leben. Dein süßes Herz durchwühlt das Schwert, ach, nichts kann Trost dir geben!

15. O hochgeliebtes Mutterherz! das du bei Gott nun throhnest; mein Blick erschwingt sich himmelwärts, wo du bei Jesu wohnest.

16. Drum lege, Jungfrau, ich mein Heil in deine milden Hände, es werde mir durch dich zu Teil ein gnadenreiches Ende.

Dieses „Bruderschaftslied“ war Bestandteil der „Herz-Mariä-Bruderschafts“-Andacht, die seit Jahrzehnten nicht mehr gebetet wird. Aber in der eucharistischen Andacht nach dem Gottesdienst wird das Lied gesungen. Der Melodiewechsel ist damit zu erklären, dass ein „betrübtes Mutterherz“ nach einer anderen Melodie verlangt als ein freudiges.

Grablegung Christi von Wilhelm Siebe, 1906/07.

Etzelsbach und die Sicht der Einheimischen

Im Jahr 2000 hat die Studentin Annette Hoffmann für ihre Magisterarbeit an der sozialwissenschaftlichen Fakultät der Universität Göttingen Etzelsbach unter ethnologischen Gesichtspunkten untersucht. Der Titel ihrer Arbeit lautet: Das „Gnadenbild und die Pferde von Etzelsbach – Eine ethnologische Studie zur Wallfahrtsforschung am Beispiel des Obereichsfeldes". Für ihre Arbeit hat sie Bewohner von Steinbach befragt, was Etzelsbach und der Wallfahrtsort für sie bedeuten, weil der Ort zur Pfarrei Steinbach gehört und die Menschen mit ihm eng verbunden sind. Die Antworten kommen aus dem Bereich der Verehrung, des Stellenwertes und der Bedeutung des Wallfahrtsortes für das Leben der Menschen. So sollen die Interviewzitate einfach unkommentiert wiedergegeben werden. Durch das bereits Gelesene lassen sie sich leicht erschließen und einordnen. Auf die Nennung der Interviewpartner wird hier verzichtet.

„Und als kleiner Stift, da checkt man ja das Ganze noch nicht so. Da wird man eher nur mitgeschleift, das heißt, man ist ja manchmal so gar nicht bei der Sache ... Man ist ja als Kind tatsächlich noch nicht soweit, dass man das tatsächlich erfasst, was da so alles passiert, warum das Ganze sein soll. Und insofern war die beispielgebende Wirkung einzelner Menschen aus der eigenen Familie schon prägend, vor allen Dingen auch meiner Eltern, meiner Mutter vor allen Dingen."

„Bei der Verehrung des Gnadenbildes würde ich sagen, dass Menschen, die in Not oder Schmerzsituation nach Etzelsbach kommen, sich vielleicht auch ein Stück angenommen wissen, in Sorgen und Bitten, die sie, ob leise oder laut aussprechen, gut angenommen wissen."

„... aber schon allein, dass sie [die Kinder, Anmerkung der Autorin] mitgenommen werden, das ganze Miterleben, diese Gemeinsamkeit miterleben, hat sicher auf alle Fälle was Positives für die Erziehung. Ist natürlich auch schnell vorbei diese Wallfahrt, schnell vergessen. Es wird an dem Tag, Gott sei Dank, beim Mittagessen usw. auch noch oft und viel über die Predigt gesprochen, diskutiert, nicht nur in der Familie, sondern auch mit den Wallfahrtsgästen."

„Tod eines Angehörigen, eigene Krankheit, Krankheit von Menschen, die einem am Herzen liegen. Dass Eltern hinkommen, um für ihr Kind zu bitten, das eventuell auf Abwegen ist oder nicht so, wie die Eltern es gerne hätten. Vor Entscheidungen, in Prüfungssituationen, aber auch aus Dank, dass man eine Krankheit überstanden hat oder eine Prüfungssituation oder dass sich die vorher beschriebenen Notsituationen doch gewandelt haben, so dass man damit leben kann. Die Menschen, die dorthin kommen, bringen sich und ihren Alltag mit und alles, was der Alltag auch bietet an Vielfältigkeit und alles, womit der Mensch zu tun hat."

„… aber klar, die ist wirklich ganz, ganz stark, das gebe ich zu. Die ist unwahrscheinlich stark, weil diese Wurzeln, die haben mich nie losgelassen. Die Bindung zum Boden und mit dem Boden natürlich auch das, was an Religiösem mitgegeben wurde. Da ist eben Etzelsbach auch dieser Baustein."

„In früherer Zeit war das Pferd das Transportmittel. Man könnte es jetzt auch etwas ironisch sagen, das Pferd war etwas Existentielles für den Menschen wie es das Auto heute ist ... da der Mensch heute sehr mit dem Verkehr zu tun hat, mit dem Auto und teilweise auch viel Zeit mit dem Auto verbringt, im Auto, und das Auto eine Gefahrenquelle bedeutet. Und daher erbittet der Mensch auch Segen für das Fahrzeug und gute Fahrt, aber er bittet auch für alle Menschen, die auf der Straße sind.

„Die Menschen suchen Geborgenheit in der Einsamkeit, nach Wärme in der Kälte des Alltags, nach Hilfe in zahllosen Nöten, nach Trost im Leid. Sie haben aber auch das Bedürfnis zu danken, dass man sich gerade dann nicht verlassen fühlen musste, als man sich am stärksten nach hilfreicher Nähe sehnte."

Karl Leineweber

Etzelsbach

Etzelsbach, du Wallfahrtsort,
Frommer Pilger Heil und Hort
Hier im trauten, stillen Tal,
Sei gegrüßt mir tausendmal!

Rings ihr Felder, Wälder, Wiesen,
Alte Linden, seid gepriesen,
Stätte hehrer Frömmigkeit,
Die der Mutter Gott's geweiht.

Wenn zur Wallfahrt Festgepränge
Betend strömt herbei die Menge,
Dann wird aus dem stillen Tal
Triumphal ein Kirchensaal.

Sanft mit hoffender Gebärde
Führen Bauern ihre Pferde,
Dass Maria sie bewahrt
Heil im Stall und auf der Fahrt.

Und der Waller großer Chor
Vor dem off'nen Kirchentor,
Fühlend süße Himmelsruh,
Höret still dem Priester zu.

Gottesmutter, dir zum Gruß
Singt und klingt es in der Klus,
Hier vor deinem Gnadenbild,
Himmelskönigin voll Mild!

Begegnung verändert Leben

Jeder weiß, wie der Satz „Begegnung verändert Leben" unserer Wirklichkeit entspricht. Oft sind unsere Begegnungen am Tag oder in der Woche unreflektiert, und wir nehmen sie als solche vielleicht gar nicht wahr. Und doch werden wir von ihnen beeinflusst. Es sind Begegnungen mit Menschen, ob es an der Arbeit, in der Schule, in der Kaufhalle oder sonst wo ist. Mag es das Computerspiel von Kindern oder Jugendlichen sein oder der Krimi am Abend. Das mögen jetzt nicht alles Ereignisse sein, die einen Menschen völlig umkrempeln.

Es gibt aber Begegnungen, die Menschen verändern können: Junge Eltern schauen das erste Mal in die Augen ihres neugeborenen Kindes, zwei Menschen entdecken ihre Liebe, ein Kranker erfährt liebevolle Hilfe in seiner Situation. Und es gibt auch negative Begegnungen, die jeder kennt.

Dass Begegnung Leben verändert, trifft ebenso auf die Beziehung des Menschen mit Gott zu. Gott möchte, dass es dem Menschen gut geht, und er führt sie zum Heil. Davon erzählt seine Geschichte mit den Menschen. Gerade an einem Wallfahrtsort wird dies besonders deutlich. Unzählige Menschen sind schon hier nach Etzelsbach gekommen. Sie haben ihr Leben mitgebracht, die Sorgen um die Kinder oder die Familie, den Verlust des Arbeitsplatzes, den kranken Angehörigen oder Freund. Nicht, dass sich die Situation einem Blitzschlag ähnlich gewandelt hätte, aber der Blick darauf ist ein anderer geworden. Dass Menschen gern einen Wallfahrtsort aufsuchen, zeugt davon, dass ihnen die Begegnungen mit dem Gnadenbild wichtig sind und sie dort zur Ruhe kommen. Die im Gnadenbild dargestellten Personen, in diesem Fall Jesus und Maria, werden durch ihre Darstellung in unsere Zeit und Situation hineinversetzt. Für die Menschen der näheren Umgebung von Etzelsbach ist diese Wallfahrtsstätte ein wichtiger Ort in ihrem persönlichen Glaubensleben und für ihr Gebet. Das zeigt die große Frequentierung im Laufe einer Woche.

Im Eingangs abgedruckten Gedicht hieß es: „verändert in den Alltag". Das sei jedem Wallfahrer und Besucher des Wallfahrtsortes Etzelsbach zu wünschen, dass er in und durch die Begegnung mit dem Gnadenbild verändert nach Hause geht.

Dialog

Im Augenblick
steh ich vor dir
dein Augenblick
er spricht zu mir:

Bleib –
Leg hier ab
die Qual
dein Leid
dein Leben
von der Ewigkeit
lass dir was geben.

Mit meinen Armen
halt ich dich
im Blicke liebend
schaust du mich
nichts trennt dich
drückt dich
Wunden heilen
bei mir da kannst du
ruhig verweilen.

Mit deinem Blick
mit deinen Augen
aus Augenblicken
kannst du glauben.

Pieta an der Westseite der Kapelle, Detail, 1805.

Anhalt, Andreas: Der Wallfahrtsort Etzelsbach im Eichsfeld. Duderstadt 1998.
Anhalt, Peter: Steinbach - Beiträge zur Ortsgeschichte und Heimatkunde. Teil 1, Eigenverlag 1997. Ders.: Willy Jakob - ein Würzburger Künstler im Eichsfeld. In: Eichsfeld-Jahrbuch (EJb) 7 (1999), S. 306-338. Ders.: „allwo die seligste Mutter Gottes Himmelfahrt Patronin wäre". Dechant Johannes Simerodt, Begründer der Pferdewallfahrt zu Etzelsbach. In: EJb 17 (2009), S. 99-114. Ders.: Ludwig Sonnleitner (1878-1947) ein Würzburger Bildhauer. In: Eichsfelder Heimatzeitschrift 47 (2003), S. 352 ff. Ders.: Heinz Schiestl und das Eichsfeld. In: Eichsfelder Heimatzeitschrift 46 (2002), S. 208 ff. Ders.: Wilhelm Siebe, ein Bildschnitzer aus Wiedenbrück. In: Eichsfeld 44 (2000), S. 85. Ders.: Klemens Hesse 1839-1900. In: Eichsfeld 44 (2000), S. 383 f. Ders.: Die Wallfahrtskapelle Etzelsbach – die Vierzehn Nothelfer. In: Eichsfeld 38 (1994) , S. 222 ff. Ders.: Etzelsbach – ein Beitrag zum Prozessionsgeschehen. In: Das Eichsfeld. Heiligenstadt 1990. **Dölle,** Adalbert: Das ehemalige Zisterzienserinnenkloster Beuren im Eichsfeld. Duderstadt 1998. **Godehardt,** Helmut: Aus der Geschichte der eichsfeldischen Wüstung Etzelsbach. In: Eichsfelder Heimathefte 24 (1985). Ders.: Der Wallfahrtsort Etzelsbach im Eichsfeld. Hg. Eichsfelddruck, 1990. **Hoffmann,** Anette: Das Gnadenbild und die Pferde von Etzelsbach - Eine ethnologische Studie zur Wallfahrtsforschung am Beispiel des Obereichsfeldes. 2001, unveröffentlichte, Magisterarbeit Uni Göttingen. **Kullmann,** Oswald: Alte Nachrichten über Etzelsbach. In: Unser Eichsfeld 34 (1939). **Löffler,** Klemens: Die alten Eichsfelder Klöster und Stifte im 19. Jahrhundert. In : Unser Eichsfeld 2 (1906). Ders.: Der Wallfahrtsort Etzelsbach. In: Unser Eichsfeld. 15 (1920), Heft 3/4. **Opfermann,** Bernhard: Die Geschichte des Heiligenstädter Jesuitenkollegs. Bd. 1, Duderstadt 1992. Ders.: Die Klöster des Eichsfeldes in ihrer Geschichte. Heiligenstadt 1998. Ders.: Gestalten des Eichsfeldes. Religiöse Lebensbilder. Leipzig-Heiligenstadt 1968. **Wintzingeroda-Knorr,** Levin Freiherr von: Die Wüstungen des Eichsfeldes. Halle 1903. **Wolf,** Johannes: Geschichte und Beschreibung der Stadt Heiligenstadt. Göttingen 1800, Reprint Heiligenstadt o. J. (1994). Ders.: Commentatio de Archidiaconatu Heiligenstadiensi. Göttingen 1809. **Andachtbüchlein** zur Verehrung der Gnadenmutter von Etzelsbach. Leipzig/ Heiligenstadt 1960.

Bildverzeichnis: 12, 20, 21, 22, 23, 28, 52, 53 Peter Anhalt, Steinbach; S. 30, 32 Bleistiftzeichnung, S. 63 Kartenzeichnung von Franziska Sacher, Sonneberg; alle anderen Aufnahmen Andreas Anhalt, Sonneberg.

Peter Anhalt gilt es Dank zu sagen für die Korrekturen und die kritische Begleitung des Heftchens.

Anfahrtswege

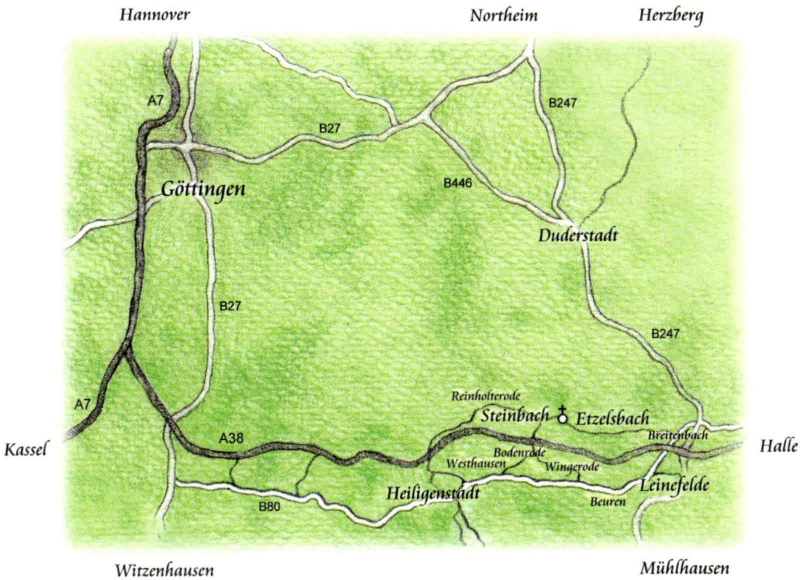

Von **Hannover kommend** auf der A 7 Richtung Kassel, Dreieck Drammetal auf die A 38 Richtung Halle, Abfahrt Heilbad Heiligenstadt, auf die B 80 Richtung Leinefelde, 3 km linker Abzweig nach Westhausen, Bodenrode, Steinbach. Die Wallfahrtskapelle ist am Ortseingang ausgeschildert.

Von **Halle kommend** auf der A 38 Abfahrt Leinefelde-Worbis, Richtung Leinefelde, B 80 Richtung Heiligenstadt, nach 5 km rechts Richtung Wingerode, Bodenrode, Steinbach. Die Wallfahrtskapelle ist am Ortseingang ausgeschildert.

Von **Kassel kommend** von der A 44 auf die A 7 Richtung Hannover, Dreieck Drammetal auf die A 38 Richtung Halle, Abfahrt Heilbad Heiligenstadt, auf die B 80 Richtung Leinefelde, nach 3 km linker Abzweig Richtung Westhausen, Bodenrode, Steinbach. Die Wallfahrtskapelle ist am Ortseingang ausgeschildert.

Von **Mühlhausen kommend** auf der B 247 Richtung Leinefelde, in Leinefelde auf die B 80 Richtung Heiligenstadt, nach 5 km rechts Richtung Wingerode, Bodenrode, Steinbach. Die Wallfahrtskapelle ist am Ortseingang ausgeschildert.

Bahnanschlüsse befinden sich in Heilbad Heiligenstadt und Leinefelde. Eine regionale Bahnstation ist in Bodenrode, ca. 3 km Fußweg nach Steinbach und 1 km nach Etzelsbach.

Inhalt

Vorwort ... 3
Geschichtliches ... 5
Ein Brief als wichtiges Zeugnis ... 8
Legende des Wallfahrtsortes Etzelsbach ... 14
Wie das Gnadenbild gefunden wurde ... 15
Das Gnadenbild ... 16
Ein besonderer Brauch - die Berührung des Gnadenbildes ... 17
Wallfahrten ... 19
Prozessionen nach Etzelsbach ... 24
Gebetserhörungen ... 27
Neueres Brauchtum ... 29
Baugeschichte der Kapelle ... 32
Die Kapelle des 20. Jahrhunderts ... 33
Die Ausstattung der Kapelle ... 35
Gebetsgut des Wallfahrtsortes ... 48
Uraltes Gebet vor dem Gnadenbild der Schmerzhaften Muttergottes ... 48
Gebet beim Abschied vom Gnadenbild ... 50
Eigenes Gebets- und Liedgut von Etzelsbach
  Litanei zur Gottesmutter von Etzelsbach ... 51
  Engel des Herrn ... 53
  Bruderschaftslied ... 54
Etzelsbach und die Sicht der Einheimischen ... 56
Karl Leineweber: Etzelsbach ... 58
Begegnung verändert Leben ... 59
Dialog ... 61
Literatur- und Bildverzeichnis ... 62
Anfahrtsskizze ... 63